PIERRE D'AMOURS

COMMISSAIRE DES FINANCES

A POITIERS

SOUS HENRI IV

(1601)

Lecture faite à la séance publique de la Société des Antiquaires de l'Ouest du 3 janvier 1886

PAR

Alfred BARBIER

POITIERS

IMPRIMERIE GÉNÉRALE DE L'OUEST

7, RUE VICTOR-HUGO, 7

1886

PIERRE D'AMOURS

COMMISSAIRE DES FINANCES

A POITIERS

SOUS HENRI IV

(1601)

Lecture faite à la séance publique de la Société des Antiquaires de l'Ouest du 3 janvier 1886

PAR

Alfred BARBIER

POITIERS
IMPRIMERIE GÉNÉRALE DE L'OUEST
7, RUE VICTOR-HUGO, 7

1886

PIERRE D'AMOURS

Commissaire des finances à Poitiers

SOUS HENRI IV

I

Il n'est pas de travail plus attrayant, quand on s'y livre avec cette ardeur qui peut aller jusqu'à la passion, que celui de reconstruire en détail l'histoire rétrospective des hommes qui ont marqué dans les contrées au milieu desquelles on a planté sa tente, réuni ses intérêts, concentré ses affections. En effet, ces études intimes du passé, toujours laborieuses et dont la patience est un des mérites essentiels, font renaître, avec le secours des archives et des bibliothèques locales, des livres et des manuscrits des contemporains de nos pères, des noms ignorés, des événements obscurs, en apparence sans grand intérêt pour des esprits superficiels ou vulgaires, mais qui n'en ont pas moins une place utile dans l'histoire générale du pays qu'elles rendent moins incertaine, et dès lors plus compréhensible.

D'ailleurs, la course rapide des années nous éloigne sans cesse de la réalité des faits : elle leur substitue trop souvent les rêves de l'imagination, leur donne une tournure poétique et légendaire qui en faussent l'exactitude et la portée. L'esprit de parti ou le parti pris aidant, c'est à peine si la vérité ose se montrer à nous.

Quel que soit l'aspect sous lequel on envisage l'histoire d'une province, d'une ville, d'une simple bourgade : administration, justice, finances, grandeur et décadence, servitude et despotisme des hommes, on trouve à dégager de l'inconnu des enseignements dont s'afflige ou se réjouit notre amour pour le bien, la vérité ou la Patrie. Mais encore faut-il avouer, malgré la présomption qui nous est naturelle, que la comparaison de l'ancien régime avec le nouveau n'est pas toujours à l'avantage de ce dernier, et que l'homme, avec son égoïsme, ses passions et ses jalousies que compensent parfois des élans généreux et de belles actions, est resté le même devant le progrès des lois et les admirables conquêtes de la civilisation moderne.

En résumé, ce n'est que par l'étude approfondie et loyale du passé, dans ses mœurs et sa constitution politique, que nous pouvons juger sainement le présent qui vit encore de l'impulsion donnée par l'ancienne monarchie. Le reproche le plus sérieux qu'on pourrait lui faire, c'est de s'être mise à la remorque des idées qui la poussaient en avant, alors qu'elle était à même de se les approprier et de vivre longtemps encore en marchant de conserve avec elles.

II

Mais ces réflexions d'un caractère général nous entraîneraient beaucoup trop loin et forcément dans le domaine de la politique, ce que nous voulons éviter. Elles suffisent, sans les développer davantage, pour indiquer l'esprit de notre travail, qui se bornera au récit d'un mouvement, d'un trouble, d'une émotion selon le langage du seizième siècle, et dont notre vieille cité fut le théâtre il y a un peu moins de trois cents ans. Ses habitants firent alors preuve d'une résistance opiniâtre, louable peut-être, mais, en fin de compte, inutile.

Nous nous reporterons donc à l'année 1601, sous le règne tourmenté du bon roi Henri IV et l'administration féconde de Sully, surintendant des finances. La dette de la France s'élevait à cette époque à près de trois cents millions, et on ne percevait chaque année avec les plus grandes difficultes que cent cinquante millons d'impôts ; « mais, dit ce consciencieux ministre d'un grand prince, une effrénée quantité d'officiers détruisaient tous les revenus du roi », et il entrait à peine vingt millions dans le Trésor royal. Ces chiffres nous font sourire, aujourd'hui que les énormes milliards remplacent les infimes millions qui, en perdant de leur valeur, ont vu diminuer leur prestige. Il était d'ailleurs très difficile, autrefois, de recouvrer les impôts établis sur des bases arbitraires, et les populations des grandes villes, plus surchargées que leurs voisines des campagnes, souvent incapables de satisfaire aux besoins pressants du trésor royal que la guerre avait épuisé, opposaient une résistance désespérée aux agents du fisc, quels qu'ils fussent.

C'est dans cet ordre d'idées, et en remontant au commencement du dix-septième siècle, que nous publions quelques notes historiques sur un commissaire des finances envoyé, le 30 avril 1601, à Poitiers pour y établir l'impôt dit de la Pancarte, et qui portait le nom assez original de Pierre d'Amours.

D'Amours appartenait à ce grand corps du Conseil d'État qui, établi par Philippe le Bel, modifié sous Charles VIII et Louis XII, subit une réglementation féconde, sinon définitive, sous Henri II. Les hommes instruits et laborieux qui le composaient, presque tous sortis des classes moyennes, du Tiers-État, coopérèrent dans une large mesure à l'organisation politique, judiciaire et administrative de la France, en soutenant les prérogatives royales contre les tentatives séparatistes des grands seigneurs, en même temps qu'ils préparaient l'unité de jurisprudence dont nos lois modernes sont issues ; mais ce ne fut pas sans avoir lutté contre les Parlements, les gouverneurs militaires et les magistratures locales inférieures.

III

Le rôle passager joué par d'Amours dans les affaires de la ville de Poitiers ne manque pas d'intérêt si on en juge par les renseignements circonstanciés qui nous restent sur la mission extraordinaire et toute de confiance qu'il y vint accomplir.

A cette époque, les provinces de l'Ouest jouissaient d'un calme relatif et cherchaient à réparer les maux de la guerre civile. Tous les efforts de Henri IV, enfin maître de la situation, tendaient à introduire des réformes dans les finances et à y rétablir l'ordre avec le concours de commissaires royaux « apureurs de comptes et régaleurs de taille », c'est ainsi qu'on les appelait. Déjà, un sieur d'Alloneau, conseiller en la Cour des Aides, et le sieur Coesnard, auditeur des Comptes, avaient rempli cette délicate mission en Poitou. Il fallait donc persévérer dans une pratique si utile qui avait permis de rédiger l'édit réparateur de mars 1600, portant « règlement général sur les tailles », sur les usurpations de titres de noblesse, sur les bâtards, et dont l'article 37 permettait aux habitants de paroisses de racheter « leurs usages et communes vendus à fort vil prix pour payer les tailles ». — Un grand progrès était déjà accompli.

Telles étaient les circonstances, lorsque le conseiller d'Etat d'Amours fut envoyé à Poitiers avec une mission qui semble avoir été restreinte à l'établissement de l'impôt de la Pancarte et fut très courte, ainsi qu'on en jugera tout à l'heure. Il venait, de par la volonté expresse du roi, se heurter aux franchises municipales de la capitale d'une grande province, et il trouva les habitants de Poitiers, déjà surchargés d'impôts, absolument réfractaires aux ordres de leur souverain.

IV

Mais d'Amours était de taille à soutenir la lutte ; il avait depuis longtemps fourni des preuves de sa capacité et de son dévoûment sous Charles IX et Henri III, et cela dans des circonstances difficiles.

Il occupait l'office élevé de conseiller au Parlement (7 septembre 1568), lorsqu'il reçut, en avril 1594, une Commission pour la surintendance de la justice de la ville et ressort de Troyes en Champagne. On l'y trouve encore en 1596 pour veiller « à l'administration, aux finances et à la sûreté des provinces de l'Est ».

Dans une lettre du 23 mai 1594 adressée aux maire, échevins et manans de la ville de Troyes, Henri IV se félicite avec eux de ce que ses commissaires, au nombre desquels se trouvait d'Amours, avaient rétabli l'ordre dans leur cité en y restaurant le pouvoir des officiers tant de la justice que de la ville.

Personnellement, ce conseiller d'État était un homme prudent, très expérimenté, imbu du sentiment du devoir, toujours prêt à s'employer aux missions extraordinaires que les troubles politiques et religieux entre catholiques et protestants, non moins que les difficultés aiguës du recouvrement de la taille, impôt aussi mal assis que mal distribué, rendaient de temps à autre utiles dans l'intérêt des finances et de l'unité d'action du gouvernement. Cette situation anormale était particulière aux contrées poitevines, surtout à leur capitale qui, par son ébullition perpétuelle, donna à Henri IV, puis à la régente Marie de Médicis les plus graves soucis. Il ne faut donc pas s'étonner de voir les commissaires royaux s'y multiplier sous divers titres avec des attributions différentes, et s'y succéder à de courts intervalles jusqu'au moment où le cardinal de Richelieu, s'initiant en cela à la pensée d'un maitre aussi absolu qu'il était capricieux, saisit d'une main ferme les rênes du gouvernement et rétablit l'ordre et l'obéissance dans les provinces, en y envoyant des intendants munis d'une juridiction discrétionnaire. — Ce ministre clairvoyant n'ignorait pas que l'avenir de la monarchie était au prix du maintien de l'autorité royale.

V

Quelques explications rétrospectives sur l'établissement de l'impôt de la Pancarte par les notables assemblés à Rouen, en 1596, trouveront ici leur place naturelle.

Un chroniqueur du temps, le président Claude Groulard, qui faisait lui-même partie de cette réunion, nous apprend que « Le lundy, 20 janvier 1597, fut proposé à l'assemblée l'édit de la vingtiesme des denrées que l'on vendroit en gros, à la charge d'oster toutes autres impositions. Cela fut agité en divers jours, et enfin arresté que l'on y passeroit aux modifications qui y ont été apposées. On disputa fort; *in utramque partem vicit tandem necessitas*, et le grand besoing de secourir le royaume perdu. »

N'est-ce pas l'éternelle histoire du fait accompli et de la raison d'Etat qui violentent le bon sens et l'économie aux dépens de la prospérité nationale?

La parole est ensuite à d'Aubigné, auteur d'une *Histoire universelle* (de 1550 à 1601), qui fut condamnée au feu par le Parlement de Paris à cause de l'indépendance des opinions de l'ardent calviniste. — Ces qualités rares renferment en elles-mêmes leur danger.

« En l'année 1597, dit-il avec ce ton railleur qui lui était familier, le roi convoqua à Rouen une assemblée qu'on appelle Petits-Etats, desquels on a discouru à plaisir; ce que j'en veux dire maintenant est que les rois usent de telles sortes d'assemblées quand celle des Etats-Généraux leur est longue, difficile ou suspecte. Les troubles, qui n'étaient pas encore éteints par la France, ne permettaient pas une plus grande convocation, et puis les cœurs des peuples n'étaient pas encore assez pliés à l'obéissance, comme il parut par les émotions des Croquants, desquels nous parlerons après avoir dit que le but principal de ces Petits-Etats étant de trouver de l'argent pour soutenir la guerre d'Espagne, il en fut proposé et tiré diverses inventions. La Pancarte en fut la principale, et très mal reçue en divers endroits du royaume et surtout à Poitiers, où le conseiller d'Amours, commissaire pour l'établir, courut risque de la vie et reçut divers affronts. La recherche de telles émotions était difficile et dangereuse; l'impunité fit souvenir les autres villes de maintenir leur droit, si bien que cette Pancarte, après avoir été reçue en plusieurs villes, en fut chassée entièrement. »

Toutefois, il ne faut pas oublier que le roi Henri IV, en convoquant les notables à Rouen, recherchait surtout l'appui de l'opinion publique; il annonçait même, avec une bonhomie gasconne, qu'il voulait se mettre sous leur tutelle « mais l'épée au côté ».

Le court passage de l'histoire du célèbre Agrippa que je viens de citer nous donne une idée de la droiture et de la franchise de son caractère, qui ne savait point s'abaisser aux complaisances serviles.

VI

Quelles étaient les bases constitutives de ce malencontreux impôt de la Pancarte établi par l'assemblée des Notables de Rouen dans une crise d'affolement financier ? C'était une sorte de droit d'octroi consistant en un sou pour livre mis pour trois ans sur toutes les marchandises et denrées entrant dans les villes, faubourgs et bourgades de quelque importance, ou vendues en gros sur les foires et marchés de la province. Ces droits, qui étaient de l'espèce de ceux qu'on appelle *ad valorem*, c'est-à-dire fixés d'après le prix vénal de la marchandise taxée, frappaient maladroitement sur les objets de première nécessité, tels que le pain, la viande, le vin. Dans de telles conditions, cet expédient fiscal ne pouvait qu'exciter le mécontentement des consommateurs pauvres, qui s'agglomèrent de préférence dans les grandes villes. Sully, dont le coup d'œil était juste et rapide, le trouvait odieux et improductif. Il avait raison autrefois, il aurait tort aujourd'hui. En effet, si l'impôt de la Pancarte assez bien représenté dans l'état actuel par les octrois et la contribution des patentes combinés frappait alors trop durement l'industrie et le consommateur, il n'en est pas moins vrai que, dans notre système financier, tel qu'il existe après tant de vicissitudes, les taxes dites d'octroi représentent les ressources les plus considérables des villes. Leur suppression actuelle jetterait un trouble inévitable dans les budgets des communes et ne constituerait, en définitive, qu'un déplacement de charges pour les contribuables. Ces considérations devaient naturellement échapper à Sully et à son époque : les principes d'économie politique qui s'imposent aujourd'hui à la société ne pouvaient guère se faire jour sous un gouvernement personnel, absorbé par la guerre, n'employant que des expédients et fort inexpérimenté en matière de finances.

VII

L'insuccès à Poitiers du commissaire royal d'Amours fut aussi complet que l'impopularité de la Pancarte. Les contribuables se fatiguent de toujours payer et de ne rien recevoir en échange, si ce n'est une protection légale que l'esprit de parti et la politique rendent trop souvent illusoire. Les habitants de Poitiers, gens fort pratiques non moins qu'économes, étaient dans ce sentiment vrai, et ils résistèrent tant qu'ils purent à l'introduction de la nouvelle taxe.

« Sa Majesté, rapporte aussi dom Fonteneau (T. XXXII), avait envoyé pour l'établir un maitre des requêtes nommé d'Amours, qui trouva de si fortes oppositions qu'il crut que le meilleur parti qu'il lui convenait de prendre était de se retirer. Il se garantit par là des fureurs d'une populace mutinée qui aurait pu se porter aux dernières extrémités. Le roi ne voulut pas laisser impunie cette sédition dont on devait craindre les suites fâcheuses. Il déposa François Gruget, sieur de Beaulieu, trésorier de France, et interdit l'hôtel de ville jusqu'à ce qu'il lui plût d'y pourvoir. Ce fut la seule punition que fit supporter le monarque aux habitants de Poitiers pour s'être opiniâtrés à ne vouloir point recevoir la Commission pour la Pancarte, autrement dit le subside du sol pour livre. »

Toutes les versions sont d'accord sur les circonstances, les résultats et la portée de cet évènement local et secondaire. Henri IV nous le raconte lui-même dans une lettre curieuse adressée au connétable de Montmorenci, et dans laquelle il ne dissimule pas son mécontentement.

« J'avais envoyé à Poictiers le sieur d'Amours, conseiller en mon Conseil d'Estat, pour y establir l'imposition d'un sol pour livre, où il a esté si mal receu que j'ay très grande raison d'en estre très mal satisfaict, comme, en la vérité, je le suis, mais encore plus résolu d'en avoir la raison par une voye ou par une aultre, à quelque prix que ce soit. Pour ce faire, j'ay déjà donné ordre d'y faire acheminer des forces; et si vous estiez auprès de moy, vous me relèveriés la peine d'y aller et me serviriez en cette occasion... Cependant, j'ay permis à mon cousin le duc d'Elbœuf, gouverneur de la ville, sur l'insistance qu'il m'en a faicte, de s'acheminer vers la dicte ville, affin de préparer ce qui sera nécessaire pour bien refrener et chastier cette désobéissance. »

Poussé à bout, Henri IV s'était enfin arrêté aux moyens violents, à la suite d'ùn « Conseil solemnel », tenu en 1601. En voici la relation d'après les mémoires déjà cités de Claude Groulard (coll. Pe-

titot, vol. 49, p. 398); elle nous donne l'idée de la manière dont les affaires de l'État se traitaient alors :

« Le Roy y présidoit, assis au bout de la table; M. le comte de Soissons à main droite, assis, et après luy messieurs les maréschaux de Biron, de Brissac et de Laverdin. A costé gauche, messieurs le chancelier et admiral, et moy. Sur d'autres bancs, de costé et d'autre, estoient messieurs de Sillery, de Mesmes, de Rosny, de Sancy, Calignon. Derrière le Roy, M. le grand escuier. MM. de Villeroy, de Gesvres et de Beaulieu, secrétaires d'Estat y estoient ; mais ne leur fut demandé opinion. Le Roy fist la proposition, qui estoit pour une sédition arrivée à Poictiers, où M. d'Amours estoit allé pour establir l'impost d'un sol pour livre, qui avoit esté arresté en l'assemblée générale de Rouen, dès l'année 1596. Ceux de Poictou y avaient résisté. M. d'Amours, commissaire, voulant procéder à l'establissement, avoit esté en danger de sa personne, et contraint de sortir avec hazard. Sa Majesté remonstra qu'en chose de telle conséquence il ne vouloit y rien entreprendre sans bon advis, affin que les autres villes ne prissent subject de se rebeller : et incontinent le Roy dit à M. de Caumartin qu'il eust à lui en dire son advis, lequel s'estant levé (car quand le roy y est présent chacun se lève à mesure que l'on opine, mesmement les princes du sang et M. Le Chancelier), l'a dist en bons termes ; et après qu'il se fut teu, ce ne fut plus le Roy qui demanda les opinions, mais M. le chancelier. — Tous convindrent qu'il falloit y adviser avec beaucoup de prudence, de peur que, par le commencement, la porte ne fust ouverte à sédition et mespris des commandements du Roy ; qu'on debvoit y envoyer des forces, loger dans la ville les gardes du Roy et ses trois compagnies de chevau-légers; que la justice estant ainsi assurée, on informast à loisir contre les séditieux. Aucuns disoient que la rébellion estant notoire, il falloit dès à présent les priver de leurs privilèges; que cette ville là estoit remplie de séditieux et mutins qui ne demandoient que troubles. Finalement, il passa que l'on prépareroit des gens de pied et de cheval pour y aller, et cependant qu'on verroit à quel debvoir ils se mettroient, et qu'en tous cas on les assiégeroit plustôt.»

A ce moment, la ville de Poitiers était donc fort mal notée dans les Conseils du roi. De Caumartin qui, comme on vient de le voir, avait été, par une attention flatteuse de Henri IV, consulté le premier sur la révolte des Poitevins, leur fut-il favorable ou contraire? Le chroniqueur est muet à cet égard. Il n'en faut pas moins se rappeler ici que ce conseiller d'Etat avait été intendant d'armée dans notre province, en 1588. Tout porte à croire que les accusés ne trouvèrent personne pour les défendre dans cette circonstance, et qu'ils eurent tort par cela même qu'ils étaient absents.

VIII

Les récriminations acerbes qui échappèrent alors au roi font un singulier contraste avec les compliments doucereux et hyperboliques qu'il adressait aux Poitevins, lors de la réduction de leur ville en 1594. Sous l'impression de la joie que lui causait la belle conquête qui lui ouvrait les portes de l'Ouest, il appelle sa bonne ville de Poitiers « une des premières du royaume, non seulement pour sa grandeur et son antiquité, mais aussi pour la célèbre université qui la décore, et fidélité qu'elle a toujours gardée aux rois ses prédécesseurs, dont la mémoire reluit aux beaux privilèges qui l'obligent d'autant plus à son devoir envers la Couronne ».

Je rappellerai, en termes plus simples, que l'antique cité des Pictons figurait, avec Marseille, Lyon et Bordeaux, parmi les écoles célèbres des Gaules ; que Poitiers était au nombre des *bonnes villes* citées par l'ordonnance de 1314 ; qu'elle obtint sous Charles V, pour ses maires et échevins, la noblesse héréditaire ; qu'elle était, avec Paris, Orléans et Bourges, au nombre des quatre premières universités, alors que celles de Tours et d'Angers étaient peu estimées ; qu'elle devint, en 1542, le centre d'une généralité ; enfin, que Poitiers est « une ville historique par excellence ».

Mais les sentiments les plus nobles peuvent se modifier avec les circonstances, et c'est ce qui arriva. La bienveillance du roi se transforma en dépit et le dépit en colère. L'amitié devint presque de la haine. Henri IV, malgré l'élévation de son caractère, paya lui-même son tribut à la faiblesse humaine. Cependant, il aimait beaucoup ses sujets et préférait la douceur à tout autre moyen de gouverner ; mais lorsqu'on l'avait poussé à bout par de mauvais procédés ou une résistance obstinée, il en exprimait son sentiment avec une fougue toute méridionale, bientôt suivie de l'emploi de la force. La conduite ambiguë des Poitevins qui, en 1601, lui refusaient des subsides dont il avait un pressant besoin, excita au plus haut point son indignation; et c'est alors qu'il reprocha amèrement à leur ville qui, sept ans avant, était « une des premières de son royaume pour sa grandeur et sa fidélité », de ne l'avoir pas secouru d'un écu depuis que le royaume était en paix, d'être gouvernée par des magistrats de petite étoffe, d'être une cité faible et hargneuse qu'il fallait brider pour l'empêcher de regimber contre son prince.

Il est vrai de dire que dans cette période de sept ans, la ligue avait poursuivi contre l'autorité légitime du roi son œuvre de destruction nationale. Si on ajoute à ces causes de troubles et de préoccupations le caractère difficile de Marie de Médicis, dont les vivacités italiennes et l'esprit dominateur irritaient souvent le roi obligé de surveiller lui-même ses amis, en apparence les plus dévoués, on s'expliquera les changements subits qui s'opéraient dans l'esprit d'un monarque généreux et bienveillant.

Quoi qu'il en soit, le nom de Henri IV sera toujours populaire. Il avait l'esprit fin et délié du Gaulois, la verte galanterie du Français, de l'un et de l'autre l'intrépidité native. Cette figure originale est de celles qui personnifient une nation. Son légendaire panache blanc, s'agitant au plus fort de la mêlée, est resté le signe du commandement suprême; — celui de l'honneur militaire si cher à notre vaillante armée.

IX

Le temps porte conseil ; — il calma l'irritation du roi. Des compromis intervinrent, et la ville de Poitiers ne paya pas l'impôt de la Pancarte, qui fut converti en une somme de cinq mille livres à prélever sur une taxe générale de quatre cent mille, imputée proportionnellement sur les villes et bourgs du royaume. C'est, du moins, ce qui résulte des premières pages d'un *Essai sur l'histoire de Poitiers*, par Henri Ouvré, qui a raconté avec beaucoup de charme et d'érudition, à l'aide des délibérations du Corps municipal, conservées dans la bibliothèque de la ville, les péripéties de cette lutte inégale que Henri IV sut faire tourner au profit de la royauté. En effet, s'étant rendu à Poitiers, en l'an 1602, pour y sonder les dispositions de ses habitants, il y fut accueilli avec beaucoup d'empressement et des acclamations enthousiastes qui lui firent dire : « Ma présence estoit très-nécessaire en ceste ville, car on y faisoit courre des bruits bien éloignés de la vérité, et le peuple a tesmoigné une grande réjouissance de me voir. Aussy leur donneray-je occasion de se louer de ma venue. »

Le désir, enfin réalisé, d'avoir un héritier légitime qui porterait une couronne si difficilement conquise, avait effacé dans le cœur de Henri IV les dernières traces de son ressentiment contre les Poitevins. Un fils lui était né le 27 septembre 1601, Louis XIII, qui, s'il ne montra pas les qualités brillantes de son père, n'en eut pas les grandes faiblesses.

La franche soumission de Poitiers, que le roi avait su gagner par la générosité de ses procédés, valut à cette ville de recouvrer ses privilèges qui avaient été suspendus. Le conseiller d'Etat d'Amours n'en avait pas moins rempli le but essentiel de sa mission, celui de faire sentir à la ville récalcitrante la force irrésistible de l'autorité royale, et de l'amener à une composition également honorable pour les deux parties.

X

D'Amours appartenait à une famille parisienne originaire du Perche. Il était fils de Gabriel d'Amours, seigneur de Serain, conseiller au grand Conseil, et de Madeleine Bidault, et petit-fils de François d'Amours, seigneur de Serain, et de Guillemette Hennequin ; sa femme fut Jeanne le Prévost, fille de Jean le Prévost, sieur de Malassis, conseiller en la Cour de parlement et président aux enquêtes.

Les armes des d'Amours étaient : d'argent à un porc-épic de sable passant, accompagné en pointe de trois clous de même rangés en pal.

Cette famille de robe comptait parmi ses membres un certain Gabriel d'Amours, pasteur, qualifié par d'Aubigné de « ministre et gentilhomme », et qui marqua aussi dans le parti des fidèles du roi de Navarre. Gabriel maniait également bien la parole et l'épée; il donna des preuves de ces qualités éminentes en se jetant dans la mêlée à Coutras, après avoir harangué les troupes. De même que Pierre, il peut figurer dans l'histoire du Poitou et des contrées de l'Ouest, car il exerça son ministère à Saint-Jean-d'Angély en 1593, puis à Châtellerault, où il termina sa carrière vers 1609. Le commissaire extraordinaire de Henri IV s'était réfugié lui-même dans cette ville en mai 1601 « à l'occasion de quelques remuemens de femmes, qui étaient allées à son logis et lui avaient dit et improperé des injures, et cherché à attenter à sa personne ». Ainsi s'exprime en vieux style une délibération du corps municipal du temps.

Sans se tenir pour battu, mais ne désirant pas en venir aux mains avec de tels adversaires, le champion fort embarrassé de la Pancarte avait cru prudent de céder devant l'attitude menaçante des Poitevines qui, dans cette circonstance, empruntèrent avec un succès marqué les piques et les haut-de-chausses de leurs maris.

La famille d'Amours ne persista pas dans le protestantisme, afin de conserver ses charges sous Louis XIII. Ce prince et son ministre d'Etat, peu tolérants en matière politique, tenaient systématiquement à l'écart les Calvinistes, qui s'appelaient aussi, par une périphrase usitée depuis longtemps « ceux de la religion prétendue réformée ». Le principe de la liberté de conscience, malgré l'édit de Nantes, n'avait pas encore prévalu dans les mœurs du pays. Mais que les rôles historiques changent, ce principe, qui s'appuie sur un sentiment intime et sacré, ne s'en impose pas moins à nous comme la manifestation la plus éclatante de toutes les libertés.

XI

M. Hanotaux, auteur d'un livre plein de savantes recherches sur les *premiers Intendants de province*, a cru devoir classer d'Amours dans cette catégorie. On ne saurait considérer ce personnage comme ayant eu chez nous le titre, la juridiction et l'importance des fonctionnaires de cet ordre particulier. En effet, il convient de remarquer que sa mission a été très courte et restreinte à une simple difficulté financière, causée par l'obstination du corps municipal de Poitiers à ne pas se laisser imposer la Pancarte. Dans ces circonstances, l'autorité de ce commissaire extraordinaire ne s'exerça seulement que sur la ville, sans s'étendre à aucun autre point de la Généralité. Il n'en est pas moins établi, par les détails qui précèdent, que ce conseiller d'État avait reçu, en 1601, une attribution qui se trouva plus tard comprise dans les pouvoirs définis des intendants de Louis XIII et de ses successeurs. Tout d'abord ces pouvoirs avaient été restreints à la justice, c'est-à-dire au redressement des abus dans toutes les branches de l'administration ; puis ils comprirent successivement la police ou, pour mieux dire la politique, et enfin les finances. Sous le règne de Henri IV, il ne se produisit que des tentatives d'organisation administrative ; sous Richelieu, l'autorité des intendants fut renforcée en vue d'une action prompte et directe sur les provinces ; enfin l'absolutisme du règne de Louis XIV trouva dans les commissaires départis pour l'exécution des ordres du roi des auxiliaires d'autant plus puissants et zélés, que leurs attributions dépendaient moins des lois que de la volonté personnelle et des caprices des ministres dont ils étaient les créatures et par conséquent les serviteurs tout dévoués.

XII

Telle est l'histoire sommaire et véridique de d'Amours, conseiller du roi en ses conseils privé et d'Etat. Et parce que ce commissaire a été l'homme du devoir accompli, nous ne lui garderons pas rancune d'avoir essayé de pressurer nos pères en faveur de son maître. Nous n'en louerons pas moins les Poitevins de leur courageuse résistance. Ils jouaient chacun leur rôle.

D'un autre côté, nous ne voudrions pas qu'on tirât de ce récit cette conséquence politique et morale essentiellement fausse, à savoir qu'on n'obtenait les bonnes grâces de Henri IV qu'en payant régulièrement ses impôts. Il exigeait davantage : la fidélité à sa personne et un dévoûment absolu à sa cause, qui était celle de la France.

Ce grand roi et son ministre Sully, puis Richelieu et Mazarin, ont été les ouvriers laborieux qui ont préparé le siècle de Louis XIV. Nous sommes loin, bien loin, de ce siècle de brillantes conquêtes..... Puisse son souvenir nous inspirer la force de reconstituer le précieux héritage dont il nous avait confié la garde en 1648 !

Dieu, qui protège les causes justes, ne nous abandonnerait pas dans l'accomplissement de cette œuvre toute patriotique !

82. — Poitiers, Imprimerie Générale de l'Ouest.

www.ingramcontent.com/pod-product-compliance
Ingram Content Group UK Ltd.
Pitfield, Milton Keynes, MK11 3LW, UK
UKHW020223180726
13838UKWH00005B/2158

9 782329 305998